초등학생의 진로와 직업 탐색을 위한
잡프러포즈 시리즈 54

# 과학수사관은 어때?

## 차례

### CHAPTER 01 과학수사관 문용수의 프러포즈

☺ 과학수사관 문용수의 프러포즈 … 10

### CHAPTER 02 과학수사관의 세계

☺ 범죄의 진실을 밝히는 과학수사관 … 15
☺ 범죄 현장에서 과학수사관이 하는 일 … 16
☺ 다양한 장비와 시설, 운영 프로그램이 있어요 … 18
☺ 과학수사관의 24시 … 22

### CHAPTER 03 과학수사관이 되려면

☺ 일은 꼼꼼하게, 소통은 원활하게 할 수 있어야 해요 … 31
☺ 지나치게 감성적인 사람은 적합하지 않을 수 있어요 … 32
☺ 과학수사에 흥미도 가지고, 공부도 열심히 해요 … 33
☺ 과학수사관이 되는 방법은 크게 두 가지가 있어요 … 34
☺ 과학수사와 관련한 전공을 선택해요 … 36

## CHAPTER 04 과학수사관이 되면

- ☺ 신임은 한 달 동안 실무를 배우며 성장해요 … 41
- ☺ 현장 감식은 협업으로 진행돼요 … 42
- ☺ 과학수사관에게 제공되는 특별한 혜택이 있어요 … 44
- ☺ 때에 따라 민간 전문가의 도움을 받아요 … 46

## CHAPTER 05 과학수사관의 매력

- ☺ 이 일 자체가 매력이에요 … 51
- ☺ 어려운 조건에서 결정적인 증거를 찾았을 때의 보람 … 52
- ☺ 법정에서 학위가 도움이 될 때 뿌듯함을 느껴요 … 54

## 과학수사관의 마음가짐

- 마음이 다치지 않도록 노력해요 … 59
- 문제를 해결하겠다는 열정이 어려움을 이기는 열쇠 … 61

## 과학수사관 문용수를 소개합니다

- 친구들과 즐거웠던 학창 시절 … 65
- 경찰공무원이 된 후 감식반에 지원했어요 … 66
- 화재 감식 전문교육을 받을 때 만난 인생의 멘토 … 68
- 한국화재조사학회를 만들었어요 … 69
- 가장 힘들었던 중앙경찰학교 교수 시절 … 71
- 외국에 나가 과학수사 기법을 전수했어요 … 72
- 과학수사의 민간 활동을 개척하고 싶어요 … 79
- 외국에 과학수사 기법을 전수하고 싶은 꿈이 있어요 … 81

# CHAPTER 08 · 10문 10답

- ☺ 과학수사는 언제부터 시작되었나요? … 85
- ☺ 어떤 범죄 현장에 과학수사관이 출동하나요? … 86
- ☺ 우리나라 과학수사의 수준은 어느 정도인가요? … 88
- ☺ 직업에서 오는 습관이나 질병이 있나요? … 89
- ☺ 과학수사와 관련해 존경하는 사람이 있나요? … 90
- ☺ 스트레스는 어떻게 해소하나요? … 92
- ☺ 외국에서 범죄를 당했다면 어떻게 해야 하나요? … 94
- ☺ 외국에 파견 나가 사건을 해결하는 경우도 있나요? … 95
- ☺ 우리나라는 얼마나 안전한 나라인가요? … 97
- ☺ 안전한 사회를 위해 바라는 점은 무엇인가요? … 99

# CHAPTER 09 · 나도 과학수사관

- ☺ 나도 과학수사관 … 102

## 과학수사관 문용수의 프러포즈

안녕하세요, 어린이 여러분! 경기남부경찰청 과학수사대 광역과학수사팀 문용수입니다. 경찰관으로서 저의 첫 근무지는 경기 안산경찰서 반월파출소였어요. 그곳에서 제복을 입고 순찰 근무를 주로 했지요. 그러다 얼마 후 모든 경찰서 형사과에 감식반이 생긴다는 소식을 듣고 과감하게 지원해 과학수사관의 길을 걷게 되었습니다.

제가 처음 과학수사를 시작했던 1990년대는 과학수사 전문교육조차 없었어요. 당시 감식반은 매일 시신을 확인하는 부서로 여겨져 대부분의 경찰관들이 근무를 꺼렸습니다. 하지만 2000년대 초반부터 과학수사의 중요성이 도드라지면서 경찰청에서 예산과 인력을 지원했어요. 그 결과 현재 대한민국 과학수사는 세계적인 수준으로 발전했습니다.

과학수사관이라는 직업은 한 인간으로서 저를 성장시켰고, 세상을 바라보는 시야를 넓혀주었어요. 솔직히 처음부터 국가와 민족에게 헌신하겠다는 높은 뜻을 품고 이 직업을 선택한 것은 아니었어요. 하지만 어느 순간부터 피해자와 유가족들에게 조금이나마 도움이 되고 싶다는 간절한 마음으로 일하게 되었어요. 이제는 우리 사회가 더욱 안전하고 행복한 공동체가 되기를 진심으로 바라는 한 사람이 되었죠.

 이 책을 통해 여러분이 대한민국을 더 안전하고 행복한 나라로 만드는 꿈을 꾸기를 바라며, 저는 응원하는 마음으로 미래에서 기다리겠습니다.

- 과학수사관 문용수

**2장에서는?**

어떤 장소에 KCSI라고 쓰인 옷을 입고, 까만 가방을 든 사람들이 나타났다면 그곳은 범죄 현장입니다. 감식이 필요한 현장에 나타나 사진을 찍고, 증거물을 채취해 수사하는 과학수사관의 이야기, 지금 시작합니다.

# 범죄의 진실을 밝히는 과학수사관

　범죄를 해결하기 위해 과학적인 방법과 기술을 사용하는 수사 방법을 과학수사라고 해요. 드라마나 영화에서 범죄 사건이 일어났을 때 범죄 현장에서 증거를 수집하고, 실험실이나 분석실에서 수집한 증거들 속에서 단서를 찾아내는 장면을 본 적이 있을 거예요. 이처럼 과학을 활용해 수사하는 모든 활동을 과학수사라고 합니다.

　과학수사는 범죄 현장을 조사하고 증거를 수집하는 것으로 시작하는데, 그 일은 범죄 현장 감식 전문팀인 KCSI<sup>Korea Crime Scene Investigation</sup>가 담당해요. 이 KCSI에 속한 사람들이 바로 과학수사관들이죠.

▲ 경찰청 KCSI 마크

## 범죄 현장에서 과학수사관이 하는 일

    과학수사관의 업무는 범죄 현장 감식에서 시작돼요. 범죄가 발생하면 신고를 받은 지역 경찰관이 출동해요. 현장이 훼손될 가능성이 있다면 폴리스라인을 설치해 사람들의 출입을 통제합니다. 이후 과학수사팀이 도착해 현장 상황의 설명을 듣고 넘겨받으면 기록하기 위해 사진을 찍고, 동영상을 촬영해요. 감식 활동을 하다 보면 현장이 변할 수 있어서 나중에 원래 현장의 모습이 필요할 때를 대비하는 거죠.

    다음으로 할 일은 관찰하고, 기록하고, 검색하는 거예요. 현장 관찰은 최초 사진 촬영 후 객관적이고 면밀하게 이루어져야 해요. 관찰과 검색을 통해 범죄 유형, 범인의 침입 경로, 범행 수법, 도주 경로 등을 파악하고, 현장에 남겨진 증거물의 위치를 비롯한 모든 것을 빠짐없이 기록합니다.

    현장 관찰, 기록 및 검색이 끝나면 다음 단계로 범행에 사용된 증거물을 수집해요. 수집이 쉽지 않은 지문, 유전자, 족적, 미세한 증거 등은 각종 시약을 사용해 채취합니다. 수집된 모든 증거에는 번호를 매겨 사진 촬영을 하고, 수집 시간과 장소 등을 자세히 기록해 오염이나 파손을 방지하기 위해 개별 포장도 함께 진행하지요. 이렇게 수집된 증거는 증거물 관리시스템에 등록되어 관리되는데요. 허가를 받은 담당자만이 감정, 재감정을 위해 증거를 가지고 나갔다가 되돌려 놓을 수 있어요.

등록된 증거물에서 과학적인 방법을 사용하면 추가 증거를 발견할 수도 있어요. 만약 현장에서 수집한 증거물에서 지문이나 DNA를 수집했다면, 이것 역시 증거물 관리시스템에 새로 등록해요. 그리고 필요하다면 몇 번이고 증거물을 가지고 나와 국립과학수사연구원 등 전문 감정 기관에 감정을 의뢰할 수 있어요.

마지막으로 과학수사관이 할 일은 현장 감식의 모든 과정을 기록하고, 감식 결과 보고서나 각종 조사 결과 보고서, 감정서 등을 작성해 사건 담당 수사관에게 통보합니다.

## 다양한 장비와 시설, 운영 프로그램이 있어요

　과학수사의 수준을 결정하는 중요한 요소 중 하나는 장비, 시설, 그리고 운영 프로그램이에요. 과학수사대에서 매일 사용하는 장비인 과학수사 차량에는 다양한 현장 상황에 대응하기 위한 가방 형태의 각종 키트가 있어요. 사진 촬영에 필요한 카메라와 렌즈, 지문과 족적 감식을 하기 위한 도구들, 혈흔을 감식하는 세트 등 감식에 필요한 것들이에요. 사건이 발생하면 과학수사대는 이 차를 타고 현장에 출동합니다.

　총기 사건과 같이 특수한 감식이 필요한 현장이라면 물품 창고에서 상황에 맞는 시약을 찾아서 출동하는데요. 특수 감식에 필요한 시약 중에 온도에 민감한 것들은 따로 보관했다가 필요할 때 휴대합니다.

　한편, 과학수사대에서는 폴리그래프(거짓말탐지기), 영상 분석 장비, 실체 현미경, 3D 스캐너, 열화상 카메라, DNA 분석 장비 등을 운영해요. 또한, 증거를 분석하고 추출할 수 있는 작업 시설도 갖추고 있어요.

과학수사 버스는 세계에서 오직 우리나라에만 있어요. 이 버스는 각 지방 경찰청에 한 대씩 배치되어 있는데, 일반적인 사건에는 투입되지 않아요. 대규모 재난이나 연쇄살인 사건 등 지방 경찰청에 수사본부가 설치된 중요 사건 현장에 집중적으로 투입돼요. 차량 내부는 현장에서 감식, 분석, 감정 업무를 할 수 있도록 완벽한 작업 공간과 시스템을 갖추고 있죠.

과학수사에서 운영 중인 대표적인 시스템으로는 지문자동검색시스템, 족·윤검색시스템, 증거물관리시스템, 몽타주시스템, 범죄수법영상시스템, 지리적프로파일링시스템 등이 있고, 이 밖에도 다양한 시스템을 활용하고 있습니다.

▶ 이동식 과학수사 버스

▼ 폴리그래프 검사

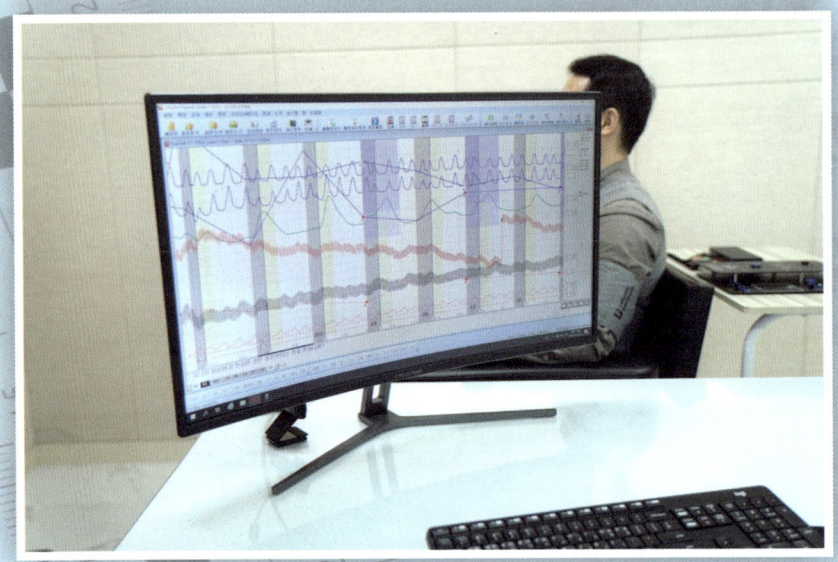

▲ 현장의 족적 감식

# 과학수사관의 24시

　광역과학수사팀은 3개 조로 나누어 한 조가 하루씩 근무합니다. 근무하는 수사관은 오전 9시 출근해 다음 날 오전 9시까지 24시간 일하고, 다음 48시간은 쉬어요. 근무할 때는 주간 야간 구분 없이 신고가 접수되면 즉시 2인 1조로 현장에 출동하죠. 여기서는 어느 하루, 과학수사팀에서 일어난 일을 시간 순서대로 소개할게요.

### 08:30 출근 및 업무 준비

　근무자들은 보통 8시 30분쯤 출근해 장비와 소모품, 근무 복장을 점검하고 회의에 참석해 하루를 시작해요.

### 09:00 긴급 출동

　회의가 끝나자마자 절도 사건과 변사 사건 신고가 동시에 접수됐어요. 1조는 절도 사건 현장으로, 2조는 변사 사건 현장으로 긴급 출동해요. 팀장은 검시조사관과 함께 다른 차를 이용해 변사 현장으로 향하고요. 이렇게 출근 직후 팀원 여섯 명 모두 현장으로 출동하네요.

### 10:00 현장 감식 시작

각각 절도 사건과 변사 사건 현장에 도착한 과학수사관들은 현장에 있는 지역 경찰로부터 현장 상황을 듣고 사진 촬영을 시작으로 본격적인 현장 감식을 진행해요.

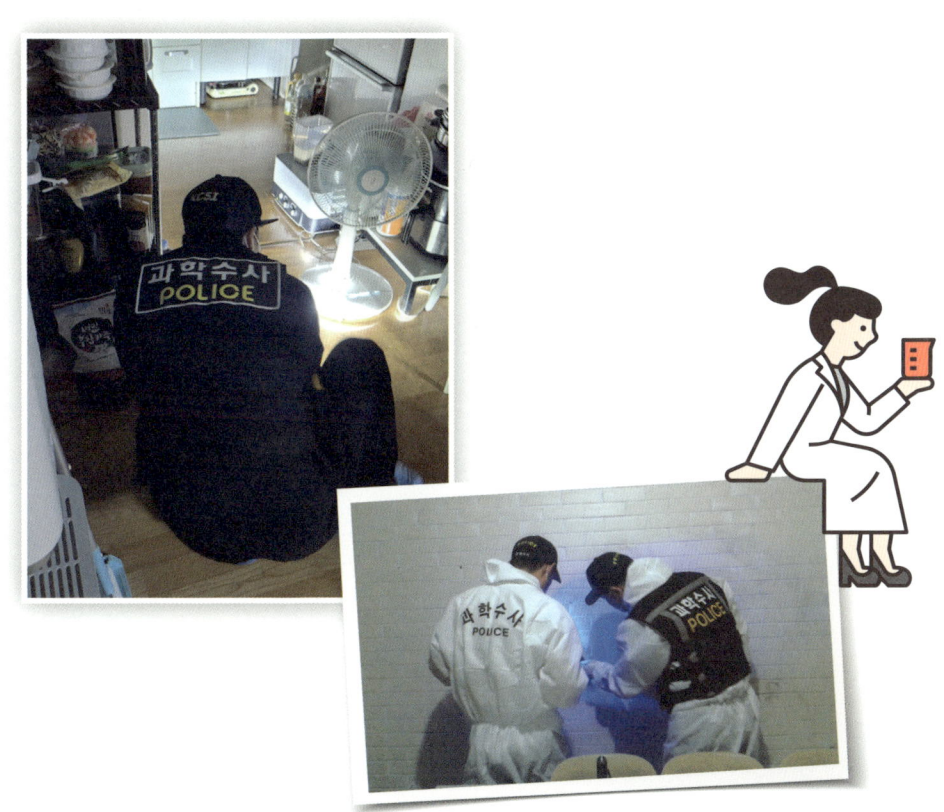

### 12:00 사무실 복귀

약 두 시간 만에 현장 감식을 마치고 수집한 증거물을 챙겨 1조와 2조 모두 사무실로 돌아왔어요.

### 13:00 증거 등록 및 기록

수집한 증거물을 증거물관리시스템에 등록하고 사무실 주변 식당에서 점심을 먹어요. 그런데 식사 중에 또 다른 변사 사건이 접수되었어요. 1조는 급히 식사를 마치고 현장으로 출동하고, 2조는 앞서 절도 및 변사 사건 현장에서 수집해 온 증거물을 분석하고 족적과 지문을 검색해 사진 기록도 하고, 보고서도 작성해요. 일을 하고 있는데 지역 경찰관들이 과학수사관이 출동하지 않은 현장에서 직접 가져온 증거물을 감식해달라는 의뢰가 들어왔어요. 이런 의뢰는 보통 하루에 다섯 건 이상입니다. 이렇게 의뢰받은 감정물도 하나하나 시약 처리 과정을 거쳐 지문, DNA 등을 채취하고, 검색해 보고서를 작성하죠. 이렇게 주간에는 현장 출동 세 건과 의뢰 감정물 다섯 건, 총 여덟 건의 업무를 처리했어요.

### 17:00 휴식 및 식사

과학수사팀은 언제든 새로운 사건 사고가 접수될 수 있어 시간이 허락할 때 저녁 식사를 하고, 틈틈이 낮에 접수된 사건들의 마무리 작업을 합니다.

### 18:00 화재 진압 현장 출동

저녁 식사 후, 곧바로 화재 신고가 접수됐어요. 미리 저녁을 먹어둔 것을 다행이라 생각하며 팀장과 2조가 함께 화재 현장으로 출동해요. 하지만 현장에 도착했을 때는 아직 화재 진압이 끝나지 않아서 외부에서 현장 사진 촬영만 하고 대기했어요.

### 20:30 화재 현장 점검 후 철수

화재가 완전히 진압되었지만, 건물 내부의 온도가 높고 유독 가스가 다량 발생해 내부 진입이 불가능한 상황이에요. 야간이라 시야 확보도 어렵다고 판단해 다음 날 아침에 다시 현장 감식을 진행하기로 하고, 현장 주변에 폴리스라인을 설치한 후 사무실로 복귀해요.

### 22:00 사건 현장 출동

야간 주거 침입 신고가 접수되어 1조가 현장으로 출동하고, 곧이어 변사 사건 신고가 추가로 접수됨에 따라 나머지 2조 또한 현장으로 급히 출발해요.

### 02:00 사무실 복귀 후 사무 업무

1조와 2조 모두 현장 감식을 마치고 복귀했어요. 사무실에서 사건 관련 서류 작업 등 남은 업무를 마무리하고 잠시 각자의 자리에서 휴식을 취해요.

### 05:00 화재 현장 감식

2조는 퇴근 전, 전날 발생했던 화재 현장의 감식을 마무리하기 위해 다시 현장으로 출동해 정밀 감식을 진행해요.

### 07:00 업무 마무리

화재 현장에 돌아온 2조는 감정물 처리, 사진 기록 및 보고서 작성 등의 업무를 마무리하고, 다음 근무자를 위해 사무실과 실험실을 정리하고 청소해요.

### 08:00 퇴근 준비

근무 중 착용했던 복장을 세탁기에 넣고 돌리고, 샤워도 하는 등 퇴근 준비를 해요.

### 08:30 인계 회의

다음 당직 근무팀이 출근하면, 전날 발생했던 사건과 그에 따른 업무 전반에 대한 인수인계 회의를 합니다. 회의가 끝나면 오전 9시에 24시간 동안의 고된 당직 근무를 마치고 퇴근해요.

**3장에서는?**

눈에 보이는 것뿐 아니라 보이지 않는 것도 각종 장비와 기술을 사용해 찾아내는 과학수사관! 그 이름처럼 과학적 지식과 수사에 관한 지식 모두 필요한 직업이에요. 어떻게 준비하면 좋을지, 어떤 전공을 선택해야 할지 알아보아요.

## 일은 꼼꼼하게, 소통은 원활하게 할 수 있어야 해요

　과학수사관에게는 협동심이 필수입니다. 과학수사대의 현장 감식은 여러 명이 협력하여 진행해요. 범죄 현장에 출동하면 감식 업무를 나누고, 각자 맡은 업무를 수행합니다. 예를 들어, 사진 촬영 담당자는 모든 장면을 빠짐없이 촬영하고, 증거물 담당자는 증거가 오염되지 않도록 주의하여 채취해야 해요. 감식 업무에서 단 하나의 오류라도 발생하면 해당 증거는 불법 증거가 될 수 있거든요. 불법 증거는 법정에서 현장 감식 전반에 대한 신뢰도를 떨어뜨릴 수 있어요. 따라서 각자 담당한 업무를 실수 없이 해내야 하고, 상호 교차 점검을 통해 오류를 방지하죠. 과학수사관은 독단적으로 업무를 처리하는 사람보다 원활한 소통을 바탕으로 협력하는 사람에게 적합해요.

## 지나치게 감성적인 사람은 적합하지 않을 수 있어요

 힘든 일을 오래 견디지 못하거나, 지나치게 감성적인 사람은 이 직업이 맞지 않을 수도 있어요. 과학수사 업무는 일의 시작과 끝이 명확하게 정해져 있지 않아요. 자주 있는 일은 아니지만, 살인 사건과 같은 중대 사건이 발생하면 수사본부가 설치되고, 체력의 한계를 느낄 정도로 업무 강도가 세요. 이때 피로를 느끼지 않는 사람은 거의 없지만, 견디는 힘이 있어야 해요. 하지만 그런 상황을 참지 못한다면 어렵죠.

 그리고 현장 감식은 어떠한 예측이나 단정 없이 항상 객관적인 시각으로 보고 판단해야 해요. 지나치게 감성적으로 접근하면 올바른 판단을 내리지 못할 가능성이 높아요. 그렇지만 지구력이 부족하거나 감성적인 성격이라고 하더라도 이 일을 못 하는 건 아니에요. 하고자 하는 의지가 있다면 충분히 할 수 있답니다.

## 과학수사에 흥미도 가지고, 공부도 열심히 해요

　어린 시절에는 과학수사 분야에 흥미를 느끼고 취미 활동으로 탐구하는 것이 좋아요. 과학수사와 관련한 책을 읽거나, 인터넷 과학수사 커뮤니티, 자료, 기사 등을 스크랩하고 메모하는 습관을 들이면 도움이 될 거예요. 또한, 과학수사에 관심 있는 친구들과 대화를 나누고, 정보를 교류하는 것도 좋겠지요.

　다만, 학교 공부를 소홀히 하면서 과학수사에만 지나치게 몰입해서는 안 돼요. 과학수사관이 되려면 대학과 대학원에서 공부해야 하므로 현재의 흥미 못지않게 대학 진학을 위한 학교 공부에 집중하는 것이 중요하죠. 중·고등학교에 진학해서는 수학, 영어, 물리학, 화학, 생명과학에 관심을 두고 공부하면 나중에 대학에 진학할 때 도움이 될 거예요.

## 과학수사관이 되는 방법은 크게 두 가지가 있어요

　과학수사관이 되는 첫 번째 방법은 경찰공무원 공개경쟁 채용시험에 지원해 합격한 후 경찰관으로 경력을 쌓아 과학수사팀으로 이동하는 거예요. 두 번째는 경찰공무원 경력경쟁 채용시험의 일반 감식 또는 화재 감식 분야에 응시해 합격하는 방법이죠.

　저는 경찰관으로 임용된 후 형사과 감식반으로 부서를 옮겨 과학수사관으로 근무하게 된 경우인데요. 2000년 중반까지만 해도 경찰관 중에서 과학수사관으로 자리를 옮기는 예가 많았어요. 그런데 경력경쟁 채용으로 임용된 과학수사관이 많아지면서 경찰 내부에서 부서를 옮기는 일이 어려워졌어요. 그래서 현재는 경력경쟁 채용시험에 응시하는 게 가장 현실적인 방법이에요.

　경력경쟁 채용시험에 응시하려면 4년제 대학 졸업 후 관련 자격증을 취득하거나 관련 분야의 경력을 갖추거나, 대학원에서 과학수사 관련 석사학위를 취득해야 해요. 시험은 구술 실기 시험으로 진행되는데, 심사위원이 직접 질문하고 응시자가 즉시 답변하는 방식이에요. 심사위원은 과학수사 분야 전문가로 즉석에서 응시자에게 질문하기 때문에 정해진 질문도 없고 기출문제도 없어요. 채용 인원은 해마다 다른데요, 보통 일반 감식 분야는 약 스무 명, 화재 감식 분야는 다섯 명 정도 채용하고 있어요.

## 과학수사와 관련한 전공을 선택해요

대학에 진학할 때 과학수사관을 목표로 한다면 먼저 지원하고 싶은 분야를 정하고 전공을 선택해야 해요. 현장 감식 중에서 일반 감식 분야는 과학수사학, 법과학, 법의학(법정의학, 법의간호학, 의학, 의과학), 범죄수사학, 범죄심리학, 범죄학, 형사학 전공자만 지원할 수 있어요. 전공, 학위, 학과명에 전공 명칭이 포함된 경우도 인정돼요. 그리고 화재 감식 분야는 안전공학, 소방방재학, 소방공학, 방재공학, 물리학, 화학(화학공학), 전기학(전기공학), 건축학(건축공학), 토목학(토목공학), 산업공학 전공자가 지원할 수 있고, 마찬가지로 전공, 학위, 학과명에 관련 전공 명칭이 포함되면 돼요.

관련 전공 학사학위를 취득한 다음엔 경력을 쌓아야 해요. 경력을 인정받는 방법은 세 가지가 있어요. 첫 번째는 대학원에 진학해 관련 전공 석사학위를 취득하는 거예요. 두 번째는 관련한 자격증을 취득하면 돼요. 일반 감식, 화재 감식 분야 모두 화학분석기능사(기사), 위험물기능사

(산업기사, 기능장), 생물공학기사, 전기기능사(기사~기능장), 가스기능사(산업기사~기술사), 화재감식평가산업기사(기사), 간호사, 임상병리사, 약사 자격이 있으면 경력으로 인정받아요. 마지막으로 관련 분야에서 2년 이상 근무하거나 연구하면 경력경쟁 채용시험에 응시할 자격이 생겨요.

**4장에서는?**

오랜 시간 공부하고 준비해 마침내 과학수사관으로 임용되면, 그 후에는 어떤 일이 기다리고 있을까요? 30년 넘게 과학수사관으로 일해온 선배님의 생생한 현장 이야기를 들어보아요.

## 신임은 한 달 동안 실무를 배우며 성장해요

신임 과학수사관은 첫 한 달 동안 선임 과학수사관과 2인 1조로 근무하며, 현장의 다양한 변수에 적응하고, 실무 과학 수사 기법을 교육받아요. 이 기간에 신임 과학수사관은 혼자 현장 감식을 수행할 수 없으며, 선임의 지시에 따라 현장 감식 업무를 보조하죠.

현장과 사무실, 분석실에서 실무를 익히고, 매일 당직 근무 후에는 교육 및 감식 내용을 보고서로 작성해 선임의 검토를 받은 뒤 팀장에게 결재를 받아요. 또한, 경찰수사연수원에서 과학수사 기본 교육 등 다양한 전문교육도 받습니다.

## 현장 감식은 협업으로 진행돼요

　현장 감식을 나가면 팀장은 현장 상황에 따라 팀원들에게 사전에 임무를 나누어주고 일을 시작해요. 보통 임무는 현장 지휘, 사진 촬영, 감식 진행, 증거 수집, 현장 기록, 검시 등으로 나눌 수 있어요. 팀장은 전체적인 감식 과정을 지휘하고, 사진 촬영 담당은 현장을 사진에 담고, 감식 진행 담당은 증거를 검색하고 수집하죠. 증거 수집 담당은 수집된 증거를 포장하고 분류하며, 현장 기록 담당은 현장 약도, 증거물 목록 등을 작성해 모든 정보를 기록해요. 마지막으로, 검시관은 피해자의 사망 원인을 규명하기 위해 시신을 검시해요. 이렇게 범죄 현장 감식은 팀원 간의 유기적인 협력이 필수입니다.

▲ 과학수사관이 협업하는 현장 감식

## 과학수사관에게 제공되는 특별한 혜택이 있어요

　과학수사관은 기본적으로 경찰공무원과 똑같은 복지를 받아요. 그런데 과학수사관에게만 제공되는 특별한 혜택이 있어요. 바로 과학수사관 심리 역량 강화 워크숍과 과학수사관 특별 건강검진이에요. 특별 건강검진은 근무 중에 발생할 수 있는 유해 환경 노출 관련한 질병을 사전에 확인하기 위한 검사로, 신체에 유해 화학 물질이 누적되었는지 정밀하게 확인해요. 또한, 독감, 파상풍 등 각종 예방 접종 혜택도 제공돼요. 특히, 과학수사관의 심리적 회복을 지원하기 위한 복지 프로그램인 심리 역량 강화 워크숍에서는 제주도 문화 탐방, 등산, 명상 등 다양한 프로그램에 참여할 수 있어요.

　워크숍은 일 년에 3~4회 정도 개최되고, 연령대별로 나누어 진행해요. 비슷한 나이대의 과학수사관들이 모여 편안하게 소통할 수 있도록 하는 배려죠. 워크숍에 참여해 동료들과 진솔한 대화를 나누다 보면 현장에서 겪었던 마음의 상처와 스트레스를 효과적으로 해소할 수 있어요.

▼ 과학수사관 심리 역량 강화 워크숍

## 때에 따라 민간 전문가의 도움을 받아요

 범죄 수사는 경찰이 주도적으로 끌어나가고, 과학수사 또한 경찰이 중심이 되어 진행해요. 하지만 건물 붕괴와 같은 특수한 사건이 발생했을 때는 수사 기관이 가진 장비나 수사관만으로는 감식과 감정이 어려울 수 있어요. 이럴 때는 가스안전공사, 전기안전공사와 같은 관련 분야의 공공기관에 전문적인 분석을 의뢰하기도 해요.

 또한, 수사나 재판 중에 확보된 증거를 민간 전문가에게 감정을 맡기는 때도 있어요. 공공기관이나 민간 전문가의 분석은 과학수사를 보완하고, 사건의 진실을 규명하는 데 도움을 줍니다. 그뿐만 아니라, 재판 과정에서는 법원의 촉탁을 받아 민간 감정 기관이 필적 감정, 문서 감정 등을 맡기도 해요. 이는 수사 기관을 직접 돕는 것은 아니지만 법원의 판단에 필요한 과학적 증거를 제공해 공정한 재판에 이바지합니다.

▲ 『Henry Lee's Crime Scene Handbook』(영문판)
▶ 『헨리 리의 현장 감식 핸드북』(한글판)

▲ 『화재조사 이론과 실무』

▲ 『법의학』

과학수사관이 현장 감식 및 검시에 필요한 이론과 실무 지식을 담고 있는 책들

**5장에서는?**

과학수사에 관한 관심이 높아진 요즘, 과학수사관이라는 직업이 꽤 인기가 있어요. 그래서인지 영화, 드라마, 소설 등에서 자주 등장하는 직업이 되었어요. 어떤 매력이 있어서 사람들의 마음을 끄는지 원인을 알아보아요.

## 이 일 자체가 매력이에요

요즘 과학수사에 관한 관심이 많아 이 직업의 인기가 높은데요. 제가 처음 감식반에 지원했을 때만 해도 동료들 사이에 인기가 없었던 분야였는데, 요즘은 누구나 선망하는 부서가 되었어요. 여러 가지 요인이 있겠지만, 미국 드라마를 통해 과학수사대의 활동이 널리 알려진 것도 하나의 원인이라고 생각해요.

이런 인기는 과학수사에 대한 국민의 기대감을 높였고, 정부의 투자와 교육도 늘리는 결과로 작용했어요. 장비와 시설에 대한 정부의 투자가 늘고, 전문교육이 강화되면서 과학수사가 발전할 수 있었죠. 그 결과 경찰 내부에서도 과학수사의 위상이 높아져 지원자가 증가했어요. 또한, 여러 대학에 과학수사관 양성을 목표로 하는 학과도 생겼어요. 이 일 자체가 매력적이라는 것이 알려졌기 때문이 아닐까 생각합니다.

▲ 신임 과학수사관 문용수(좌)

## 어려운 조건에서 결정적인 증거를 찾았을 때의 보람

제가 이 일을 하면서 증거를 찾을 수 없을 거라 체념했던 사건이 하나 있어요. 야산에서 발견된 백골 시신 사건입니다. 흙 위로 드러난 뼈를 발견했다는 신고를 받고 현장에 출동해 유골 주변의 흙을 붓과 작은 도구를 이용해 조심스럽게 걷어냈어요. 몇 시간 동안 작업해 모든 뼈를 수습해 보니 사망 원인이 타살일 가능성이 높다는 소견을 받았어요.

즉시 수사본부가 설치되었는데, 과학수사팀은 백골 시신 현장에서 지문, 의류, 소지품 등 어떠한 증거도 찾지 못했어요. 피해자가 누구인지 알지도 못했고, 땅속에 묻힌 지 오래된 사건이라 CCTV 영상에서도 단서를 찾을 수 없었죠. 수사본부 회의 결과, 유일한 단서는 시신을 파헤칠 때 나온 '흙'이라는 결론이었어요. 그때부터 1톤 트럭 한 대 분량의 흙을 수거해 망사 채반에 일일이 털어내는 작업을 시작했어요.

흙을 밀가루처럼 체에 거르는 일을 며칠 동안 했는데, 좀처럼 증거가 될 만한 것이 나오지 않아 모두 지쳐갔죠. 마음속으로는 희망이 없을 것 같다는 생각이 들었지만, 이상하게 누구도 "이제 그만하자"라고 말할 수 없었어요. 그렇게 일주일 넘게 지난 어느 날, 작은 흙뭉치 속에서 작고 특별한 증거물 한 개를 발견했어요. 그동안 수사본부도 여러 가능성을 염두에 두고 꽤 많은 양의 자료를 모아놓은 상태였고, 증거물을 대조해 본 결과 극적으로 피해자의 신원을 확인할 수 있었어요.

그렇게 마침내 이 살인 사건의 범인과 그 일당을 검거했죠. 이 사건은 저를 포함해 동료들이 가장 힘들었던 사건이었어요. 하지만 포기하지 않고 모래사장에서 바늘 찾는 심정으로 절박하게 증거를 찾으려고 노력했기에 사건을 해결할 수 있었어요. 죽은 사람이 누구인지도 모를뻔한 사건을 해결했다는 보람도 컸던 것으로 기억합니다.

## 법정에서 학위가 도움이 될 때 뿌듯함을 느껴요

커다란 변화를 기대하고 석사, 박사까지 공부했던 것은 아니에요. 다만, 제가 하는 일에 분명 도움이 될 거라는 확신은 있었죠. 학위가 큰 도움이 되는 순간은 법정에 섰을 때예요. 과학수사관은 현장 감식과 관련하여 법정에서 증언할 기회가 종종 있어요. 특히 저는 화재 감식과 관련하여 법원의 현장 조사관으로서 증언하곤 하는데요. 제가 학업에 들인 시간 덕분에 제 증언은 더욱 높은 신뢰를 얻어요. 상대측 변호사는 항상 제 학력과 관련한 사항을 꼭 확인해요. 제가 감식한 사건의 수는 얼마나 되는지, 어떤 전문 과정을 이수했는지, 어떤 학위를 가졌는지 등을 법정에서 질문하죠. 제가 감식 경험과 함께 학위를 말하면 증언의 신뢰도가 높아지는 것을 느낄 수 있어요. 이처럼 법정에서 증언할 때 학위가 큰 도움이 됩니다.

▼ 교육부 초·중고 진로 멘토 수업

**6장에서는?**

가벼운 범죄든 무거운 범죄든, 그 현장을 보는 것은 즐거운 일이 아니에요. 그래서 마음이 아프고 슬픈 광경을 보면 상처가 되기도 해요. 이럴 때 선배 과학수사관들은 어떤 마음으로 극복하는지 솔직한 이야기를 들어보아요.

## 마음이 다치지 않도록 노력해요

범죄 현장을 보는 일이 좋을 수는 없어요. 자주 있는 일은 아니지만, 범죄 현장이 유독 참혹할 때면 가슴이 아프고 답답한 마음이 들어요. 특히 제 부모님, 아내, 아이들과 같은 나이의 피해자를 보는 일이 가장 힘들죠. 피해자의 가족이 느끼는 아픔과 슬픔이 고스란히 전해지는 것만 같거든요.

이렇게 과학수사관들의 마음이 다치는 것을 예방하고, 치유하기 위해 경찰청에서 심리 지원을 하는 거예요. 하지만 자신만의 방법도 찾아야 해요. 저는 과학수사관으로 30여 년간 근무하며 트라우마로 힘든 시기를 겪었고, 스스로 트라우마를 극복하기 위한 방법을 찾았어요. 범죄 현장에서 최대한 감정이입을 하지 않고 현장 감식에 더 집중하는 것이 그 방법이에요.

▼ 암매장 피해자 발굴

피해자를 찾는
과학수사관 문용수 (좌)

## 문제를 해결하겠다는
## 열정이 어려움을 이기는 열쇠

범죄 현장은 정말 다양해요. '정말 이런 일이 일어날 수 있나?' 싶을 정도로 처음 겪는 일도 많고, 끔찍한 현장도 있어요. 한번은 사망 사건 현장에 출동해 일을 처리하다가 바로 옆집에서 사건과 전혀 관련 없는 또 다른 시신을 발견한 적도 있어요. 또 화재 현장에서는 유해 물질에 노출될 위험도 크죠. 이렇게 보통 사람들이 보지 않는 현장을 보고, 가지 않는 곳에 가야 하는 일의 특성상 업무의 흥미와 열정을 잃어버리면 매우 힘들어요.

우리가 하는 일은 정답이 정해져 있지 않은 문제와 같아요. 그래서 과학수사관들은 더 열정적으로 일을 하는데요. 흥미와 열정은 다른 사람들보다 더 헌신적으로 노력하게 할 뿐만 아니라, 창의적인 사고를 할 수 있게 하죠. 답 없는 문제의 답을 만들어가기 위한 우리들만의 노하우입니다.

**7장에서는?**

공부를 좋아하지 않았던 내성적인 소년이 자라 베테랑 과학수사관이 되어 어느덧 퇴임을 앞두었어요. 누구보다 이 직업을 사랑하고 자랑스럽다는데, 어떻게 이 일을 하게 되었는지, 어떤 사건을 해결했는지, 또 퇴임 후에 하고 싶은 일은 무엇인지 들어보아요.

## 친구들과 즐거웠던 학창 시절

중·고등학교 시절 내성적인 성격 탓에 친구 두 명과 매일 함께 다니며 즐거웠던 기억만 남아 있어요. 공부했던 기억이 거의 없을 정도로 공부와는 거리가 먼 아이였죠.

고등학교 때 적성검사 결과 군인이나 경찰이 적성에 맞는다고 나왔는데, 당시에는 그 결과가 마음에 들지 않았어요. 그런데 지금 경찰 과학수사관으로 퇴직을 앞두고 있네요.(웃음)

과학수사 업무를 맡고 나서 업무에 필요한 과학 지식이 턱없이 부족하다고 느껴 대학원에 진학해 석사, 박사과정 공부를 했어요. 전공과목이 너무 어려워 중·고등학교 수학 교재를 다시 공부했는데요. 그때 '어릴 때 게을리했던 공부의 빚을 이제야 갚는구나!' 싶은 생각이 들었죠.

## 경찰공무원이 된 후 감식반에 지원했어요

　신임 경찰관은 대부분 파출소에 근무하며 정복을 입고 지역 순찰업무를 맡아요. 저도 마찬가지로 파출소에서 근무했는데, 적성에 맞지 않아서 다른 부서로 옮기고 싶었어요. 그때 경찰서에 감식반이 새로 생겼다는 소식을 듣고 지원했어요.

　감식 업무는 처음부터 정말 흥미로웠어요. 파출소에서 근무할 때는 출근하기 싫어 근무 시작 10분 전에 겨우 도착하곤 했는데, 감식반에 배치된 이후로는 적어도 한두 시간 전에 출근해 청소하고 장비를 점검하는 등 근무 태도가 완전히 달라졌죠.

　당시에는 '오늘 근무에서는 어떤 과학수사 기법을 배울까?'하고 기대할 정도로 즐거웠어요. 이러한 마음이 지금까지 이어지는 것을 보면, 과학수사관이 저의 천직인 듯해요.

▲ 신임 과학수사관 문용수

# 화재 감식 전문교육을 받을 때 만난 인생의 멘토

    2000년 10월, 경찰청의 화재 감식 전문화 교육 과정의 하나로 국립과학수사연구원 화재연구실에 3개월간 파견 교육을 받게 되었어요. 그때 김진표 연구관을 처음 만났죠. 지금 돌이켜보면 정말 말도 안 되는 질문을 많이 던졌던 기억이 나요. "불은 왜 위로만 타오르나요?"라는 질문을 시작으로, "교류 전기는 왜 양방향으로 흐르나요?", "계산식에는 왜 π가 나오나요?" 등등 수많은 질문을 쏟아냈는데, 그분은 마치 초등학생을 가르치듯 쉽고 재미있게 설명해 주셨어요. 그 덕분에 저는 과학의 매력에 흠뻑 빠지게 되었고, 마치 활화산처럼 학구열이 불타올랐죠.

    제가 대학원 진학을 결심하게 된 계기를 마련해 준 분도 그분이에요. 지금까지도 현장에서 의문점이 생기면 여쭙고 함께 고민하며 해결 방안에 대한 조언을 구하는 스승이자 멘토죠. 당시에는 정말 순수한 호기심에서 비롯된 질문들이었지만, 그때 던졌던 근본적인 질문들이 지금 제 지식의 토대를 튼튼하게 다져주고 있어요.

## 한국화재조사학회를 만들었어요

과학수사계에서 화재 감식 담당자로 일할 때, 경찰 내에서 화재 감식 하는 수준을 넘어 국내 화재 감식 분야 전체에 큰 변화를 일으키고 싶었어요. 당시에는 경찰 과학수사 업무와 관련된 학회가 전혀 없었어요. 2001년 4월 1일, 전국 각지에서 과학수사 화재 감식 담당자 열두 명이 모여 회의를 진행했는데, 저는 그 자리에서 학회 설립을 제안했어요. 참석자 모두 학회 결성에 적극 동의했고, 투표를 통해 제가 초대 학회장으로 선출되면서 한국화재조사학회가 공식적으로 출범하게 되었어요. 이후 우리는 각자의 업무를 하면서 틈틈이 시간을 내어 학회의 기틀을 다져 나갔죠.

대학교수, 소방 기관의 화재조사관, 학생 등 많은 사람이 참여하면서 학회 활동은 더욱 활발해졌고, 이러한 활동이 자연스럽게 경찰청에도 알려지게 되었어요. 경찰청에서는 경찰 과학수사관들이 주도해 설립한 학회의 활동이 과학수사 학술 발전에 크게 기여할 수 있다고 판단하고, 학회에 필요한 지원을 해주겠다고 제안했어요. 그런데 저희는 한 번의 예산 지원보다는 학회가 지속적으로 운영될 수 있도록 사단법인을 설립할 수 있도록 허가를 요청했죠. 그 결과 2002년 4월 20일, 경찰청 제1호 허가를 받아 사단법인 한국화재조사학회로 정식 출범했습니다.

현재 우리 학회는 국내 과학수사 분야에서 가장 오랜 역사와 권위를 자랑하는 학회로 성장했으며, 그동안 발표된 수많은 화재 감식 관련 논문들은 국내 화재 감식 분야의 발전을 꾀하는 데 크게 이바지했어요.

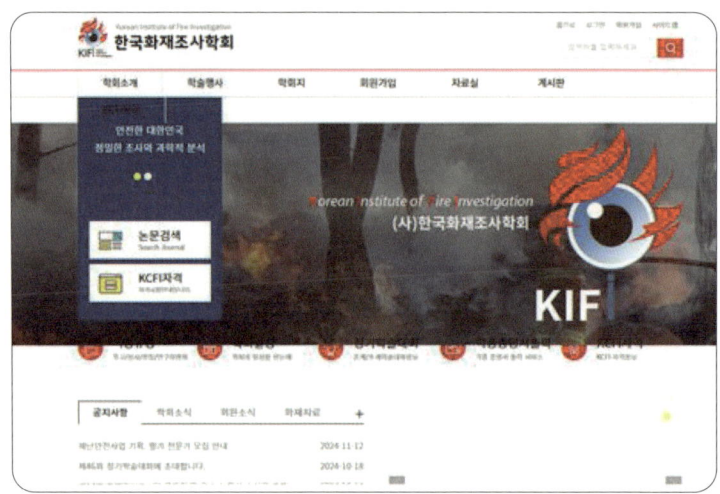

▲ 사단법인 한국화재조사학회 홈페이지

## 가장 힘들었던 중앙경찰학교 교수 시절

저는 경찰청 과학수사관으로 근무하면서도 학업을 계속 이어가고 싶어서 40대 초반에 늦깎이로 박사과정을 시작했어요. 그런데 1년 정도 지나자 업무와 학업을 함께 하는 것이 불가능하다는 것을 알았어요. 학업을 포기하고 싶지 않았던 저는 중앙경찰학교 형사학과 과학수사 담당 교수직에 지원해 자리를 옮기게 되었어요.

중앙경찰학교는 교육기관으로서 연구실, 실습실, 도서관 등 논문 연구에 필요한 최적의 환경을 갖추고 있었기 때문에 연구를 이어갈 수 있었어요. 그런데 한 가지, 중앙경찰학교가 집에서 통근할 수 없는 지방에 있어서 할 수 없이 관사 생활을 했고 겨우 한 달에 하루 정도만 집에 갈 수 있었어요. 가족과 자주 만나지 못했던 그때가 제 인생에서 가장 힘든 시기였죠. 그 후 4년 6개월 만에 박사 학위를 취득했고, 이듬해 경기남부경찰청에 지원하여 다시 과학수사팀에 합류하게 되었어요.

## 외국에 나가 과학수사 기법을 전수했어요

　외국에 파견 나가 과학수사와 관련한 교육을 여러 번 진행했어요. 첫 나라는 중남미에 있는 과테말라였어요. 그곳 경찰관들이 "선진국에서 와주셔서 감사합니다"라고 얘기하는데, 처음엔 인사치레인 줄 알았어요. 하지만 시간이 지나면서 그들이 진심으로 그렇게 생각하고 있음을 알게 되었죠. 2주 동안 과테말라 경찰관들에게 감식 기법에 대해 강의했어요.

　반응이 좋아서 다른 나라에 기술 지원을 하는 일이 큰 의미가 있다는 걸 알 수 있어요. 이후 한국국제협력단(코이카, KOICA)에서 진행한 과테말라 경찰학교 건축 프로젝트에 참여해 과학수사 실습장을 디자인했어요. 과테말라는 치안이 매우 열악해 사람들이 총기를 가지고 다니는 게 일상이 된 나라였어요. 이 프로젝트를 통해 과테말라의 치안이 발전하는 데 기여할 수 있어서 큰 보람을 느꼈죠.

　이어서 아랍에미리트를 방문했어요. 부유한 국가답게 모든 것이 풍족

했고, 영국과 프랑스 등 다른 선진국에서도 이미 교육 프로그램을 여러 번 진행한 적이 있었어요. 대부분 장비 판매를 목적으로 강의했다고 하는데, 저는 순수하게 지식과 경험을 공유하고 싶었어요. 이런 마음이 전달된 것인지 강의를 하면서 현지 경찰관들의 열의를 느낄 수 있어서 기뻤어요. 당시 만났던 경찰관들과 지속적인 교류를 이어가면서 아랍에미리트 경찰청으로부터 네 차례나 추가 강의 요청을 받았어요.

필리핀에서 선교 활동을 하던 한인 선교사 살인 사건이 발생해 저를 포함한 과학수사관 세 명이 긴급 파견된 적이 있어요. 한국 과학수사관이 현지 경찰과 공조하여 범인을 검거한 첫 사례로 기록되었죠. 이후 필리핀 전국의 과학수사관들을 대상으로 마닐라와 세부에서 두 차례 과학수사 교육을 했어요. 경찰청에서 현장 감식 세트까지 지원해 줘서 현장에서 직접 장비를 활용하며 강의를 진행할 수 있었어요.

치안 전문가 파견 강의뿐만 아니라, 러시아, 영국, 독일, 프랑스, 스위스, 싱가포르, 말레이시아, 인도네시아, 일본 등 다양한 국가의 학회, 세미나, 회의에 참석해 국제 교류 활동도 활발히 펼쳤어요. 앞으로 임용되는 과학수사관들은 외국어 능력을 갖춘다면 더 많은 해외 파견 기회를 얻을 수 있을 거예요.

▼ 치안 전문가로 필리핀 과학수사관 파견 교육

▼ 치안 전문가로 아랍에미리트 파견 강의

▲ 치안 전문가로 과테말라 파견 강의

## 과학수사의 민간 활동을 개척하고 싶어요

저는 국가직 경찰공무원으로 30년간 일하며 과학수사를 통해 범인을 검거하고, 안전사고나 화재의 원인을 규명해 잘잘못을 따지고 처벌하는 업무를 수행해 왔어요. 이것은 어디까지나 국가의 편에선 경찰로써 할 수 있는 일이에요. 그런데 만약 누군가 잘못하지 않았는데도 억울하게 처벌받는 상황이라면 국가를 상대로 부당함을 입증할 수 있는 전문가가 도와주어야 하는데, 우리나라는 민간에서 활동하는 전문가가 거의 없어요. 저는 과학수사 분야에서 민간 활동이 꼭 필요하다고 생각해서 정년퇴직 후 민간 과학수사 활동 영역을 개척하고 싶어요.

검사나 판사가 퇴직 후 변호사로 개업하여 개인을 대리해 소송을 진행하는 것은 사회적으로 비난받을 일이 아니에요. 오히려 피해를 주장하는 의뢰인을 변호하는 법률 전문가로서 필요한 역할이죠. 과학수사 전문가도 마찬가지예요. 개인이 사건의 진실을 과학적으로 입증하기 위한 감정이나 재현 실험 등은 현실적으로 어려워요. 따라서 과학적 증거 입증을 위한 전문 감정 서비스는 사회적으로 당연히 필요한 영역이라고 생각해요.

미국, 영국 등 소송이 활발한 국가에서는 이미 다양한 분야의 민간 전문가들이 의뢰인의 편에서 과학적인 지원을 하는 경우가 많아요. 이런 전문가들의 활동은 재판 과정에서 어느 한쪽이 일방적으로 우월한 위치를 차지하지 않고 공정한 재판이 이루어질 수 있도록 하기 위함이죠. 이런 점을 생각해, 저는 퇴직 후 과학수사 분야의 민간 활동 활성화를 위해 다시 한번 노력하려고 해요.

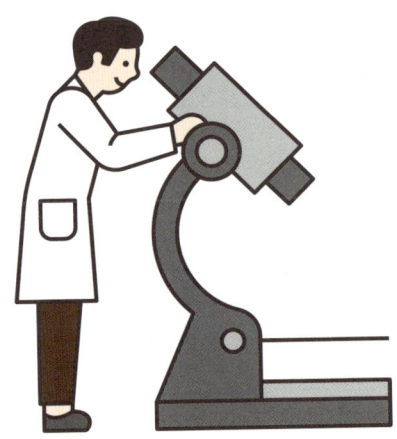

## 외국에 과학수사 기법을 전수하고 싶은 꿈이 있어요

제가 가보았던 몇몇 나라는 치안이 불안정했어요. 그런 국가들에 대한민국의 우수한 과학수사 기법을 전수하면 좋겠다는 생각이 들었죠. 예전에 협력했던 한국국제협력단을 통해 '개발도상국 치안 지원 계획서'를 제안해 개발도상국에 한국의 우수한 과학수사 기법을 전수하고자 계획하고 있어요.

우리나라는 한국전쟁 직후 어려운 시기에 국제 사회의 원조를 받았던 적이 있어요. 원조를 받던 국가에서 지금은 다른 국가를 도울 수 있을 만큼 세계적인 수준의 치안 역량을 갖추고 있기 때문에, 마땅히 우리가 해야 할 일이라고 생각해요. 그래서 이 일은 제가 꼭 이루고 싶은 꿈이에요.

**9장에서는?**

앞에서 미처 해결하지 못한 궁금증을 해결하는 시간! 과학수사팀은 어떤 현장에 출동하는지, 누군가 외국에서 범죄를 당했다면 어떻게 해야 하는지, 안전한 사회를 위해 무엇을 해야 하는지 등을 묻고 답을 들어보아요.

## 과학수사는 언제부터 시작되었나요?

대한민국 정부를 수립한 1948년 11월 4일에 내무부(현재 행정안전부) 치안국에 감식과가 새로 생겼고, 이때 우리나라 과학수사의 역사가 시작되었어요. 초기에는 감식 담당자들이 지문과 전과 기록 등을 담당하며 주로 사무실에서 업무를 수행했어요.

1990년대 중반, 경찰청은 과학수사의 중요성을 인식하고 전국 경찰서에 감식반을 신설하며 현장 중심의 과학수사 체제를 만들었어요. 이후 2000년 초, 감식반이 과학수사반으로 이름을 변경하며 공식적으로 '과학수사'라는 용어가 사용되기 시작했어요.

## 어떤 범죄 현장에 과학수사관이 출동하나요?

QUESTION 02

　모든 범죄 현장에 과학수사팀이 출동하는 것은 아니에요. 지구대 소속 지역 경찰관이 사건 현장에 가장 먼저 도착해 과학수사가 필요하다고 판단되면 과학수사팀에 출동을 요청해요. 예를 들어, 절도 신고를 받고 출동했는데 현금이 그대로 있다거나, 치매 환자가 현금 보관 장소를 착각한 경우라면 과학수사가 필요 없어요. 또한, 피를 흘리고 있는 사람이 발견되었다 하더라도 CCTV 확인 결과 혼자 술에 취해 넘어졌다면 과학수사팀의 지원이 필요 없어요.

　과학수사관은 범죄 유형과 관계없이 모든 사건에 출동할 수 있어요. 범죄 혐의가 있다고 판단되면 언제든지 과학수사를 요청할 수 있고, 과학수사팀은 요청받은 모든 사건에 출동해요. 이를테면 누군가 대문 앞에 소변을 본 사건처럼 경범죄에 해당하는 사소한 사건이라도 피해가 발생했다면 과학수사팀이 출동해 현장 감식을 진행할 수 있어요.

▼ 현장 감식

## 우리나라 과학수사의 수준은 어느 정도인가요?

QUESTION 03

 전체적인 수준은 미국, 영국, 일본 등 선진국과 비슷한데, 세계에서 가장 우수한 것이 있어요. 바로 지문자동검색시스템이에요. 과학수사 드라마에서 범인의 지문을 입력하자마자 용의자의 사진과 인적 사항이 모니터에 뜨는 장면을 볼 수 있는데요. 실제로 이러한 시스템을 구축하고 운영하는 국가는 대한민국밖에 없어요. 우리나라 국민은 만 17세가 되면 주민등록증을 발급받아야 하고, 그 과정에서 지문을 등록해요. 이때 등록된 지문 정보는 지문자동검색시스템에 저장되어 범죄 수사에 활용되죠. 외국의 경우 전과자 지문을 데이터베이스에 등록해 관리하는 나라가 있지만 우리나라처럼 전 국민의 지문이 등록된 나라는 없어요. 범죄를 저지른 사람이 17세 미만이라 경찰에 지문이 등록되어 있지 않았다고 범인을 못 찾는 것은 아니에요. 범죄 현장에서 발견된 지문은 장기간 보관하고 주기적으로 재검색해요. 그래서 지문이 등록되면 바로 발각됩니다.

## 직업에서 오는 습관이나 질병이 있나요?

과학수사관은 밤이건 낮이건 사건이 발생하면 바로 출동해야 하는 직업이라 일할 때는 규칙적인 식사를 하기 어려워요. 특히 사건 신고가 쏟아지는 날에는 식사를 거르는 경우도 종종 있어요. 그래서 많은 과학수사관이 만성 소화 불량에 시달리는 편이에요.

과학수사관들은 대체로 다른 사람들에 비해 유난히 조심성이 많아요. 추락, 감전, 화재, 청소년 범죄 등 다양한 사건 현장을 접하다 보니, 제 아이들이 밤에 돌아다니는 것이 불안해 고등학교 시절 야간자율학습 면제를 학교에 요청하기도 했어요. 또 외출할 때는 가스, 전기, 수도, 현관문 잠금 상태를 확인하는 것이 습관이 되었고, 혹시라도 기억나지 않으면 반드시 되돌아가 다시 확인하죠.

## 과학수사와 관련해 존경하는 사람이 있나요?

저는 세계적인 법과학자인 헨리 리Henry Lee 박사를 존경해요. 그는 중국에서 태어나 대만에서 경찰로 근무하다 미국으로 건너가 법과학과 생화학을 공부했어요. 이후 법과학 분야의 최고 권위자로 자리매김했고, 현재는 법과학연구소를 설립해 법과학 및 범죄 수사 컨설턴트로 활발히 활동하고 있는 분이에요.

약 10년 전, 인터넷에서 우연히 책을 검색하다가 『헨리 리의 현장 감식 핸드북』이라는 책을 발견했어요. 당시 저는 현장 감식에 대해 고민이 많았고, 완벽에 가까운 현장 감식 절차를 찾고 있었죠. 그때 이 책은 범죄 현장 감식 절차, 접근 방법, 증거물 처리 등에 대한 모범적인 답을 제시해 주었어요. 이후 현장에서 감식 절차 등에 의문이 생길 때마다 이 책을 다시 찾아보며 부족한 부분을 보완하는 습관이 생겼어요. 이런 경험으로 자연스럽게 이분을 존경하게 되었습니다.

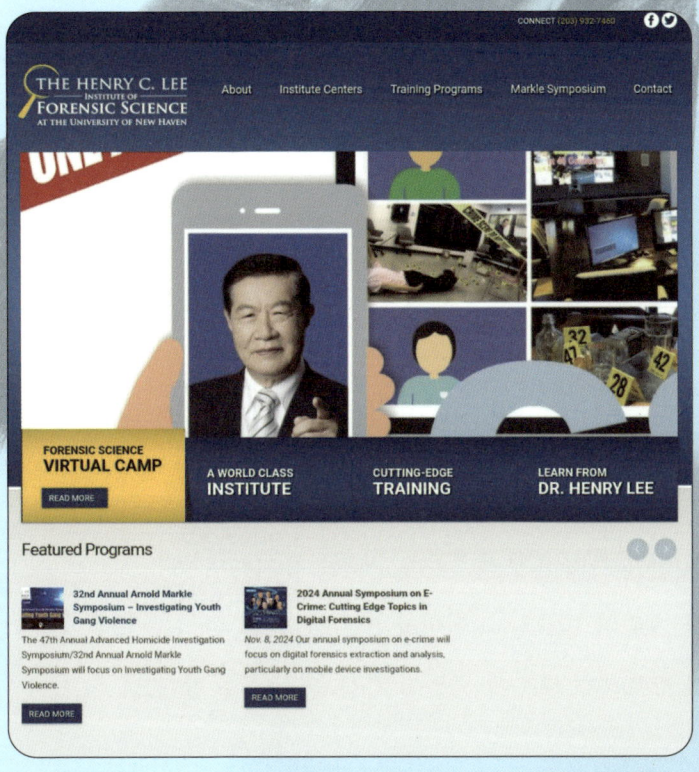

▲ THE HENRY C. LEE Institute of Forensic Science 홈페이지

## 스트레스는 어떻게 해소하나요?

저는 스트레스 해소를 위해 계절에 어울리는 야외 활동을 즐기는 편이에요. 봄과 가을에는 캠핑하러 다니고, 여름에는 롤러스케이트를 타며 더위를 식히죠. 날씨가 너무 더울 때는 실내 롤러스케이트장을 찾기도 해요. 이전에는 겨울이면 스노보드를 즐기곤 했지만, 나이가 들면서 체력이 예전 같지 않아 부상 위험 때문에 참고 있어요. 대신 주로 가까운 동네 뒷산을 가볍게 오르내리며 근력을 유지하고 있죠. 과학수사 업무는 상당한 체력이 필요한 직업이라 꾸준한 근력 관리가 필수예요. 심신의 건강과 스트레스 해소에 운동이 가장 좋은 방법 같아요.

한편, 사진 촬영을 하면 스트레스가 해소된다는 동료 과학수사관도 많아요. 아무래도 카메라를 자주 다루는 직업이다 보니 사진에 흥미를 느끼는 것 같아요. 그중에는 아마추어 사진작가 수준의 실력을 갖춘 동료도 있어요. 자주는 아니지만, 동료나 선배, 또는 오랜 친구를 만나 이야기를 나누는 것도 큰 도움이 돼요.

▼ 스트레스 해소 롤러스케이트 타기

## 외국에서 범죄를 당했다면 어떻게 해야 하나요?

**QUESTION 07**

먼저 해당 국가의 경찰에 신고해야 해요. 국가마다 치안 시스템이 달라 우리나라 대사관 직원은 파견 국가에서 수사권을 행사할 수 없어요. 반대로 우리나라를 방문한 외국인이 범죄 피해를 봤다면 우리나라 경찰에 신고해야 해요. 한국 경찰은 외국인에게도 똑같이 수사를 진행하며, 부당한 대우를 할 수 없어요. 다만, 치안이 불안한 국가에서 우리 국민이 살인, 납치, 강도 등 중대한 범죄의 피해를 본 경우에는 외교부와 인터폴을 통해 해당 국가에 강력하게 항의하고 수사를 촉구할 수 있어요.

## 외국에 파견 나가 사건을 해결하는 경우도 있나요?

QUESTION 08

앞에서 이야기했던, 필리핀에서 선교 활동을 하던 한인 선교사가 살해된 사건이 있었어요. 경찰청은 저를 포함해 세 명의 과학수사관을 현지에 파견하기로 결정했고, 사건이 접수된 지 다섯 시간 만에 현지로 가는 비행기를 탔어요. 현지에 도착하자마자 사건 현장 감식에 착수했는데, 결정적인 증거를 찾지 못했어요. 주변 CCTV를 확보하려 했지만, 현지 주민들이 보복이 두려워 협조하지 않았어요. 현지 경찰관은 빈민가가 위험하다며 총기를 소지하지 않으면 탐문 수사 자체가 어렵다고 하더라고요. 다행히 운 좋게도 한국인을 좋아하는 식당 주인의 도움으로 CCTV를 확보해 하루 종일 분석한 끝에 피 묻은 옷을 입은 범인의 모습을 포착했어요. 화질이 좋지 않아 얼굴 식별이 어려웠지만, 한국에서 가져온 CCTV 복원 시스템을 활용해 범인의 특징을 파악할 수 있었어요.

현지 경찰과 함께 범인을 검거할 수 있었는데, 범인은 피해자의 집에서 겨우 250m 떨어진 곳에서 살던 사람으로, 그의 친구 집에서 피해자의 노트북 가방과 USB 등을 발견했어요. 증거품을 제시하자 용의자는 "술에 취해 피해자의 집에 들어가 잠을 자고 있었는데, 피해자가 소리를 지르는 바람에 놀라 살해했다"고 자백했죠. 이 사건은 한국 경찰 과학수사관이 해외에 파견되어 현지 경찰과 공조하여 범인을 검거한 첫 사례예요.

▲ 용의자를 복원해 낸 CCTV 화면

▶ 검거된 용의자가 착용한 셔츠

## 우리나라는 얼마나 안전한 나라인가요?

QUESTION 09

외국 여행을 해본 사람이라면 많은 나라의 치안이 불안하다는 것을 알 수 있어요. 경제적으로 부유한 미국조차도 대부분의 도시에서 밤에 혼자 거리를 다니기 어려울 정도로 치안이 좋지 않고, 프랑스를 비롯한 유럽 여러 나라에서는 낮에도 강도나 소매치기를 당하는 일이 자주 발생해요. 아프리카, 동남아, 중남미 등의 국가들은 총기 강도 사건이 잦아 음식점이나 상점 앞에서 무장한 사설 경비원을 쉽게 볼 수 있고, 은행 현금 수송 차량은 방탄 차량을 이용하는 경우가 많죠.

반면에 우리나라는 여성 혼자서도 밤길에 안심하며 걸을 수 있고, 길에 가방이나 핸드폰을 놓아두어도 그 자리에 그대로 있거나, 물건을 발견한 시민들이 경찰에 신고해요. 또한, 액수에 상관없이 도난 신고가 접수되면 경찰이 신속하게 현장에 출동해 사건을 해결하기 위해 노력하죠. 한국을 찾은 외국 관광객들이 우리나라 치안 수준과 시민의식을 보고 놀라는 이유입니다.

▲ 외국의 식료품점 앞에 무장한 경비원

▲ 외국의 현금 수송용 장갑 차량

## 안전한 사회를 위해 바라는 점은 무엇인가요?

QUESTION 10

안전한 사회는 모든 사람이 누려야 할 기본적인 권리예요. 과학수사관으로서 저는 사회 안전망이 체계적으로 구축되고 제도화되어야 안전한 사회를 만들 수 있다고 생각해요. 우리는 모두 범죄 없는 사회를 꿈꾸지만, 현실적으로 범죄를 완전히 없애는 것은 불가능해요. 따라서 범죄가 발생했을 때 피해를 최소화하고 신속하게 대응할 수 있는 체계적인 사회 안전망이 있어야 해요. 이를 위해 국가가 적극적인 역할을 해야 하지만, 동시에 개인은 안전 의식을 높이고 법규를 준수해야 비로소 안전한 사회를 만들 수 있어요. 예를 들어, 신도시 설계나 재개발을 할 때 경찰서와 소방서의 위치를 범죄 가능성이 높은 지역에 배치하는 도시 계획을 수립하는 거죠. 이렇게 함으로써 범죄를 예방할 수 있고, 사건 발생 시 신속한 출동으로 피해를 최소화할 수 있어요.

# 1. 지문 감정하기

### 사람의 또 다른 이름, 지문!

지문은 사람마다 다르고, 한 사람의 열 손가락 지문도 다 달라요. 그런 이유로 지문은 과학수사에서 매우 중요한 증거가 됩니다. 과학수사관이 범죄 현장에서 채취한 지문을 감정하면 이름, 주소, 주민등록번호 등의 개인 정보를 파악할 수 있어요. 지문은 다양한 무늬를 가지고 있지만, 일정한 패턴을 보이기 때문에 크게 세 가지 형태로 분류할 수 있어요.

| 지문 | | 특징 |
|---|---|---|
| 궁상문 (Arch) | | 활 모양으로 능선이 한쪽에서 시작해 반대쪽으로 완만하게 흐르는 형태로 인구의 약 5% 정도로 희귀한 패턴입니다. |
| 제상문 (Loop) | | 말발굽처럼 능선이 나왔다가 다시 들어가는 구조로, 루프 패턴이라고도 부릅니다. 전체 인구의 약 60%에서 볼 수 있는 흔한 지문 유형입니다. |
| 와상문 (Whorl) | | 동심원이나 나선형 구조가 나타나는 패턴으로 삼각도가 두 개 있습니다. 인구 비율은 약 35%입니다. |

## 여러분이 지문 감정 수사관이 되어 감정해 보세요.

**준비물** : 스탠드 조명, 돋보기, 넓은 투명 테이프, A4 용지, 연필

| 청소년 과학수사 지문검색관 십지지문 양식 ||||||
|---|---|---|---|---|---|
| | 엄지손가락 | 집게손가락 | 가운뎃손가락 | 약지손가락 | 새끼손락 |
| 오른손 | | | | | |
| | 궁상문, 제상문, 와상문 | 궁상문, 제상문, 와상문 | 궁상문, 제상문, 와상문 | 궁상문, 제상문, 와상문 | 궁상문, 제상문, 와상문 |
| | 엄지손가락 | 집게손가락 | 가운뎃손가락 | 약지손가락 | 새끼손락 |
| 왼손 | | | | | |
| | 궁상문, 제상문, 와상문 | 궁상문, 제상문, 와상문 | 궁상문, 제상문, 와상문 | 궁상문, 제상문, 와상문 | 궁상문, 제상문, 와상문 |

## 지문 채취 순서

1. 흰 종이 위에 연필로 좌우로 여러 번 진하게 칠합니다.

2. 손가락에 연필심 가루가 충분히 묻도록, 종이에 칠해진 부분을 손가락으로 굴리듯이 문지릅니다.

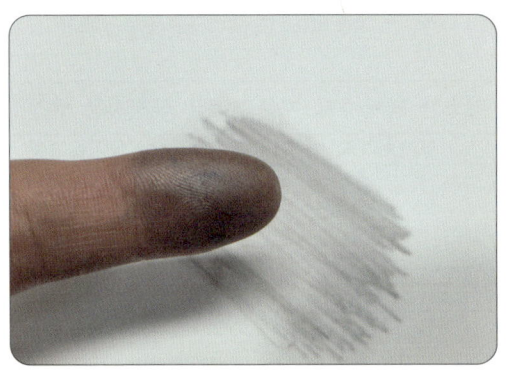

3. 투명 테이프의 접착면에 연필 가루가 묻은 손가락을 조심스럽게 눌러 지문을 찍습니다.

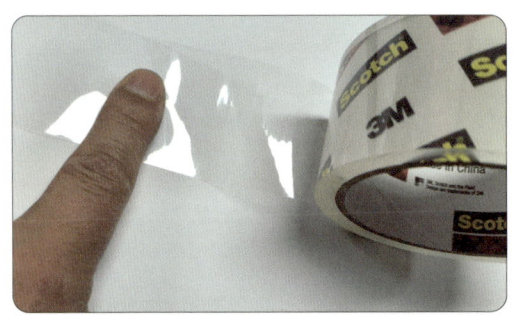

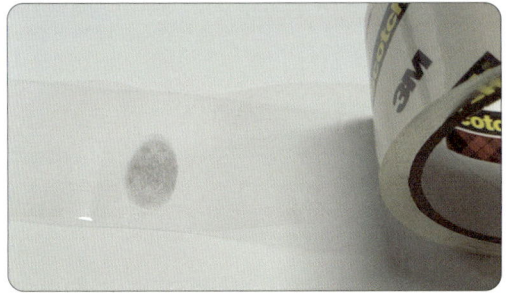

4. 지문이 찍힌 테이프를 준비된 '청소년 과학수사 지문검색관 십지지문' 양식의 각 손가락 칸에 하나씩 붙입니다. 이렇게 하면 선명한 지문을 관찰할 수 있습니다.

5. 같은 방법으로 열 손가락의 지문을 모두 채취하여 양식에 붙여 십지지문 양식을 완성합니다.

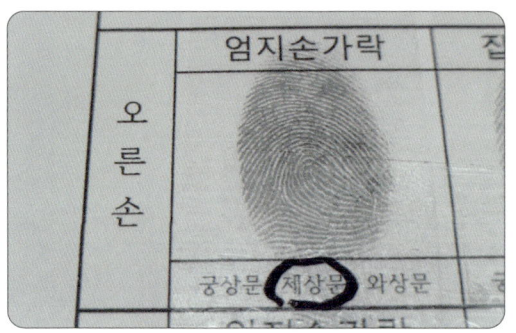

6. 돋보기를 사용하여 각 손가락의 지문을 관찰하고, 궁상문, 제상문, 와상문 중 해당하는 유형에 동그라미 표시를 합니다.

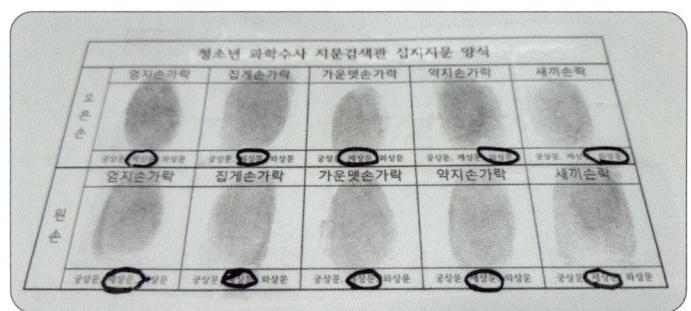

## 2. 족적 감정하기

### 족적 감정은 어떻게 할까요?

#### 1. 발자국을 찾아요

범죄 현장에서 흙이나 바닥에 남은 발자국을 찾아요.

사진을 찍거나, 석고를 부어서 발자국 모양을 그대로 뜨는 방법도 써요.

#### 2. 발자국을 자세히 살펴봐요

신발 밑창 무늬는 어떤지 등을 꼼꼼히 봐요.

신발이 오래되면 밑창이 닳은 모양이 다 달라서, 그걸 보고 누군지 알아낼 수 있어요.

#### 3. 용의자와 비교해요

경찰이 의심되는 사람의 신발 밑창 모양을 가져와서 비교해요.

같은 무늬면 같은 사람이었을 가능성이 높아요.

### 발자국으로 알 수 있는 것들

- 키: 보폭(두 발 사이 거리)을 보면 대충 키를 짐작할 수 있어요.
- 몸무게: 발자국이 깊으면 몸무게가 무거운 편일 수 있어요.
- 걷는 모습: 안짱다리인지, 발을 끌고 다니는지 알 수 있어요.
- 신발 종류: 어떤 브랜드인지도 알아낼 수 있어요.

### 여러분이 족적 감정 수사관이 되어 감정해 보세요.

#### 1. 발자국을 관찰해요!

오른쪽 그림은 범죄 현장에서 발견된 발자국이에요. 자세히 관찰하고 질문에 답해보세요.

● 범죄 현장 족적

관찰 질문

① 발자국은 오른발일까요? 왼발일까요?

☐ 오른발　　☐ 왼발

② 발자국 길이는 얼마나 될까요?

(눈대중으로 보기)

☐ 약 _____ cm

③ 밑창 무늬를 그려보세요!

## 2. 내 발자국도 조사해요!

① 나의 신발 밑창을 관찰해요. 종이에 찍어도 좋아요! (색연필로 바닥에 문질러 찍을 수 있어요.)

② 밑창 모양을 그려보세요.

③ 나의 발 크기는 몇 cm인가요?

내 발 길이: _____cm


④ 내 신발과 위의 발자국이 같을까요? 왜 그렇게 생각하나요?

_____

_____


## 3. 족적 감정 퀴즈!

신발 밑창이 닳은 모양도 사람마다 다를까요?

☐ 네!    ☐ 아니요!


족적 감정을 통해 알 수 없는 것은?

☐ 신발의 형태    ☐ 이름    ☐ 걷는 습관

초등학생의 진로와 직업 탐색을 위한 잡프러포즈 시리즈 52

# 과학수사관은 어때?

2025년 9월 12일 초판 1쇄

지은이 | 문용수
펴낸이 | 김민영
펴낸곳 | 토크쇼

편집인 | 박성은
표지 디자인 | 이희우
본문 디자인 | 책읽는소리
홍보 | 이예지

출판등록 2016년 7월 21일 제 2023-000173호
주소 | 서울시 마포구 월드컵북로98, 2층 202호
전화 | 070-4200-0327
팩스 | 070-7966-9327
전자우편 | myys327@gmail.com
ISBN | 979-11-94260-44-8(73190)
정가 | 13,000원

이 책의 저작권은 저자와 출판사에 있습니다.
서면에 의한 저자와 출판사의 허락 없이 책의 전부 또는
일부 내용을 사용할 수 없습니다.